BEI GRIN MACHT SICH IHR WISSEN BEZAHLT

- Wir veröffentlichen Ihre Hausarbeit,
  Bachelor- und Masterarbeit

- Ihr eigenes eBook und Buch -
  weltweit in allen wichtigen Shops

- Verdienen Sie an jedem Verkauf

Jetzt bei www.GRIN.com hochladen
und kostenlos publizieren

G R I N ☺

Georg Rabe

Textanalyse von Coelhos "Der Alchimist". Inhalt, Form und Interpretation

GRIN Verlag

Bibliografische Information der Deutschen Nationalbibliothek:

Die Deutsche Bibliothek verzeichnet diese Publikation in der Deutschen National-
bibliografie; detaillierte bibliografische Daten sind im Internet über http://dnb.d-
nb.de/ abrufbar.

Dieses Werk sowie alle darin enthaltenen einzelnen Beiträge und Abbildungen
sind urheberrechtlich geschützt. Jede Verwertung, die nicht ausdrücklich vom
Urheberrechtsschutz zugelassen ist, bedarf der vorherigen Zustimmung des Verla-
ges. Das gilt insbesondere für Vervielfältigungen, Bearbeitungen, Übersetzungen,
Mikroverfilmungen, Auswertungen durch Datenbanken und für die Einspeicherung
und Verarbeitung in elektronische Systeme. Alle Rechte, auch die des auszugsweisen
Nachdrucks, der fotomechanischen Wiedergabe (einschließlich Mikrokopie) sowie
der Auswertung durch Datenbanken oder ähnliche Einrichtungen, vorbehalten.

Impressum:

Copyright © 2005 GRIN Verlag GmbH
Druck und Bindung: Books on Demand GmbH, Norderstedt Germany
ISBN: 978-3-640-84512-5

Dieses Buch bei GRIN:

http://www.grin.com/de/e-book/167589/textanalyse-von-coelhos-der-alchimist-
inhalt-form-und-interpretation

GRIN - Your knowledge has value

Der GRIN Verlag publiziert seit 1998 wissenschaftliche Arbeiten von Studenten, Hochschullehrern und anderen Akademikern als eBook und gedrucktes Buch. Die Verlagswebsite www.grin.com ist die ideale Plattform zur Veröffentlichung von Hausarbeiten, Abschlussarbeiten, wissenschaftlichen Aufsätzen, Dissertationen und Fachbüchern.

Besuchen Sie uns im Internet:

http://www.grin.com/

http://www.facebook.com/grincom

http://www.twitter.com/grin_com

„Jeder Mensch auf Erden hat einen Schatz,
der ihn erwartet"

Seite 138, Zeile 17

Hausarbeit

Literarische Textanalyse

des Buches

‚Der Alchimist'

von

Paulo Coelho

Georg Rabe - F2-Q2-C

Oldenburg, im Mai 2005

Inhaltsverzeichnis

1. Einleitung

Im Jahre 1987 erschien ein Buch namens ‚Auf dem Jakobsweg'. Es war das Tagebuch einer Pilgerreise nach Santiago de Compostela. Die allgemeinen Kritiken fielen negativ aus und der Käuferkreis des Buches ging nicht über eine kleine Anzahl von Leuten hinaus. Ein Jahr später erschien des Autors zweite Buch mit Namen ‚Der Alchimist' und nach anfänglichen Absatz-schwierigkeiten waren massenhaft Menschen auf der ganzen Welt davon begeistert. Von da an schwiegen die meisten Kritiker und der Autor schrieb ein erfolgreiches Buch nach dem anderen. Heute lesen Menschen aus mehr als 150 Ländern seine Bücher, die in 56 Sprachen übersetzt wurden und eine Gesamtverkaufszahl von über 25 Millionen haben.[1]

Wer ist dieser Mann, der bei der Überreichung des Kultur-Bambi 2001 von der Jury als *„nicht nur einer der meistgelesenen, sondern auch der einflussreichsten Autoren der Gegenwart"*[2] bezeichnet wurde und der am 19. Mai dieses Jahres in Hamburg mit der Auszeichnung ‚Goldene Feder' geehrt wird?[3]

2. Der Autor Paulo Coelho

2.1. Biographie

Paulo Coelho wird am 24.08.1947 in Rio de Janeiro, Brasilien, als Sohn einer gutbürgerlichen Familie geboren. Als Kind besucht er eine Jesuitenschule, deren strenges religiöses Regelwerk ihn zur Auflehnung dagegen bewegt. Schon als Jugendlicher verspürt er den Wunsch Schriftsteller zu werden und gewinnt seinen ersten literarischen Preis bei einem Lyrikwettbewerb in der Schule. Da seine Eltern konträr zu seiner Idee, Schriftsteller zu werden, stehen und ihn aufgrund seines Berufszieles mehrmals in eine psychiatrische Klinik einweisen, entscheidet sich Coelho dazu, Rechtswissenschaften zu studieren. Nach kurzer Zeit bricht er das Studium wieder ab und beginnt ein Leben fernab des Bürgertums. Coelho lebt wie ein Hippie, spielt Theater, schreibt (Protest-)Liedertexte, tritt einer ‚alternativen Gesellschaft' bei, die schwarze Magie praktiziert, gründet ein politisches Magazin etc.[4]

[1] Vgl. www.paulocoelho.com.br/alem/bio.shtml [02.05.2005]
[2] www.paulocoelho.com.br/alem/bio.shtml [02.05.2005]
[3] Vgl. www.santjordi-asociados.com/agenda/agenda2005_may.html [27.04.2005]
[4] http://groups.msn.com/Paulocoelho-offiziellerfanclub/ankndigungen.msnw [01.05.2005]

Aufgrund seines Versuchs alternativ zu leben und sich gegen die Militärdiktatur in Brasilien aufzulehnen kommt Coelho mehrmals mit dem Gesetz und paramilitärischen Organisationen in Konflikt. Ab 1974 will Coelho ein ‚normales' Leben führen, heiratet und arbeitet unter anderem als Direktor von Polygram in London und bei CBS Brasilien. Mit seiner zweiten Frau Christina Oiticica bereist er Anfang der 80er Jahre Europa u.a. auch Deutschland, Nordafrika und seinen Heimatkontinent Südafrika. 1986 pilgert er zu Fuß auf dem Jakobsweg nach Santiago de Compostela. Darüber schreibt er sein erstes Buch ‚Auf dem Jakobsweg'...

Heute lebt Paulo Coelho mit seiner zweiten Ehefrau Christina wieder in Brasilien, ist Mitbesitzer der Literaturagentur ‚Sant Jordi Asociados' in Barcelona, die die weltweiten Rechte seiner Bücher vermarktet und ist mit seinen Bestsellern sogar im Guinnessbuch der Rekorde vertreten. Er erhielt unzählige Auszeichnungen wie den ‚Crystal Award' des World Economic Forum, bereist die Länder der Erde und wird von der Weltprominenz zu Besuch gebeten. Coelho versucht den Kontakt zu seinen Fans zu pflegen und intensiv zu gestalten. Aus diesem Grund unterhält er eine Homepage, auf der man neben einer sehr ausführlichen Biographie auch Fotos geboten bekommt, Coelhos offiziellen Terminplaner einsehen und ihm sogar persönlich E-Mails schreiben kann. Zudem betreibt er ein Online-Magazin und lässt Newsletter versenden.[5]

Paulo Coelhos Online-Magazin und sein Newsletter ‚Krieger des Lichts':
→ www.warriorofthelight.com

Paulo Coelho Diskussionsforum:
→ http://groups.msn.com/Paulocoelho-offiziellerfanclub

2.2. Bibliographie[6]

- Auf dem Jakobsweg (1987; D: 2000)
- Der Alchimist (1988; D: 1991)
- Brida (1990)
- Am Ufer des Rio Piedra saß ich und weinte (1994; D: 2000)
- Der Fünfte Berg (1995; D: 2000)
- Handbuch des Kriegers des Lichts (1997; D: 2001)
- Veronika beschließt zu sterben (1998)
- Der Dämon und Fräulein Prym (2001)
- Elf Minuten (2003)
- Unterwegs. Der Wanderer (2004)
- Der Zahir (2005)   [D = Deutschsprachige Erstausgabe]

---

[5] Vgl. www.paulocoelho.com.br/alem/bio.shtml [02.05.2005]
[6] Vgl. www.perlentaucher.de/autoren/1840.html [25.04.2005]

3. Inhaltsanalyse

3.1. Inhaltsangabe

Der Roman ‚Der Alchimist', dessen Originaltitel ‚O Alquimista' lautet, wurde von Paulo Coelho Mitte der 80er Jahre geschrieben und erstmals 1988 verlegt. Die Geschichte, die in einer undefinierten Vergangenheit spielt, handelt vom jungen Schafshirten Santiago, der sein eingespieltes Leben aufgibt, um einen Schatz zu finden und bei seiner Suche Liebe, Erkenntnis und zu sich selbst findet.

Der in Spanien lebende Schafshirte Santiago träumt von einem Schatz am Fuß der Pyramiden. Als sich der Traum wiederholt und ihn mehrere Personen dazu ermutigen, verkauft Santiago seine Herde und macht sich auf, seinen Schatz zu finden und dabei seiner Leidenschaft des Reisens zu frönen. Er verlässt Spanien und setzt ins befremdliche Afrika über. Alsbald wird ihm all sein Geld geklaut, doch er findet Arbeit bei einem Kristallwarenhändler, die er so gewinnbringend ausführt, dass er schließlich genug Geld zum Weiterreisen hat. Bei der Durchquerung der Sahara mit einer Karawane freundet sich Santiago mit einem Kamelführer an und lernt einen jungen Engländer kennen, der auf der Suche nach einem Alchimisten ist, der ihm die Geheimnisse der Alchimie lehren soll. Die Karawane wird durch einen Stammeskrieg zu einem vorläufigen Stopp in der Oase El-Fayum gezwungen. Hier findet Santiago seine Liebe in der Araberin Fatima und trifft ebenso unverhofft auf den Alchimisten, der ihn auf einem weiteren Teil seiner Reise/Suche nach dem Schatz begleitet.

Auch wenn Ereignisse wie die Arbeit beim Kristallwarenhändler und die Liebe zu Fatima Santiago von seinem Weg abzubringen drohen, so besinnt er sich stets durch eigene Erkenntnis, gedeutete Zeichen und auftretende Personen auf diesen zurück. So findet er schließlich seinen Schatz und hat bei seinem zurückgelegten Weg doch mehr über die Welt, Gott, die Menschen und sich selbst erfahren, als er sich je zu träumen gewagt hätte.[7]

3.2. Figurenbeschreibung und -konstellation

Die Hauptfigur des Buches ist **Santiago**, ein junger Hirte, der mit seiner Schafsherde von Weideplatz zu Weideplatz durch die Region Andalusien in Süd-Spanien zieht.

Santiago wurde in Andalusien als Sohn einer Bauernfamilie geboren. Zu Beginn der Geschichte ist er ca. 18 Jahre alt, kräftig gebaut und lebt seit zwei Jahren als Hirte. Bis zu seinem 16. Lebensjahr wurde er auf einer Klosterschule in Fächern wie Latein, Spanisch und Theolo-

---

[7] Vgl. Coelho 1996

gie unterrichtet und kann somit lesen und schreiben. Seine Eltern hatten ihm eine Laufbahn als Priester vorbestimmt, doch Santiagos Wunsch zu reisen und die Welt kennen zu lernen war größer als das Belieben der Eltern.[8]

Santiago liest gern und hat eine Vorliebe für Wein. Auf der einen Seite ist er misstrauisch und trägt manches Vorurteil mit sich herum, z.b., dass die Mauren bei ihren Feldzügen die Zigeuner aus dem Orient mitgebracht haben und dass Zigeuner die Menschen ununterbrochen betrügen und sich kleine Kinder als Sklaven halten.[9] *„Die alte Traumdeuterin hatte zwar nichts genommen, aber dafür würde ihn jetzt der Alte, der vielleicht ihr Mann war, für eine Wertlose Auskunft ausnehmen. Sicherlich war er auch ein Zigeuner."*[10] Auf der anderen Seite ist Santiago hilfsbereit, schenkt anderen Menschen Vertrauen (*„Die Händler bauten ihre Stände auf; er half einem Süßwarenhändler dabei."*[11]) und ist manchmal sogar zu gutgläubig (*„Also holte er sein Geld aus der Tasche und zeigte es dem Neuankömmling."*[12], *„Um ihn herum war... wirklich nirgends eine Spur seines Freundes."*[13], *„Er... besaß absolut nichts mehr im Leben..."*[14]).

An einem frühen Punkt seiner Reise sagt Santiago zu sich selbst, *„wenn er eines Tages selber ein Buch schreiben würde, ...so würde er immer nur jeweils eine Person nach der anderen in Erscheinung treten lassen, um den Leser nicht zu verwirren."*[15]. Genau auf diese Weise lässt der Autor seinen Erzähler die Protagonisten immer einen nach dem anderen einführen. So werden in den zwei anfänglichen Rückblicken der Vater Santiagos und die Tochter des Händlers aus Tarifa eingeführt. Des Weiteren begegnet Santiago im Verlauf der Geschichte bzw. im Verlauf seiner Reise u.a. der alten Wahrsagerin, dem Lichtboten Melchisedek, dem Spanisch sprechenden Dieb, dem Kristallwarenhändler, dem reichen Engländer, dem Kommando führenden Kameltreiber der Karawane, den Oberhäuptern der Oase El-Fayum, der Araberin Fatima, dem Alchimisten, dem Mönch des koptischen Klosters (koptisch = christlicher Religionszweig in Ägypten) und den zwei Wüstenräubern.

Alle auftretenden Figuren sind von Wichtigkeit, die eine mehr, die andere weniger, denn sie tragen jede auf ihre Art und Weise zu dem Leben und Lernen, zu dem persönlichen Lebensweg Santiagos bei. Sie unterscheiden sich alle sehr voneinander, z.B. durch ihre Herkunft, ihre Vergangenheit, ihr Alter, ihr Aussehen, ihre Religion, ihre Einstellung zum Leben und

---

[8] Vgl. Coelho 1996: 15f.
[9] Vgl. Coelho 1996: 18
[10] Coelho 1996: 27
[11] Coelho 1996: 50
[12] Coelho 1996: 43
[13] Coelho 1996: 45
[14] Coelho 1996: 46
[15] Coelho 1996: 23

ihre Ziele. Sie sind reich, arm, Mann, Frau, nicht menschlich (Melchisedek = eine Gottheit/Lichtbote), gottergeben, mordend, stehlend, liebend etc. Somit ist jeder Protagonist erwähnenswert, trotzdem werde ich nur die, die mir am Wichtigsten erscheinen, anführen:

Der Alchimist lebt in der Oase El-Fayum und wohnt in einem einfachen Zelt. Er ist als einziger in der Oase ständig bewaffnet. Er besitzt ein Pferd und einen Falken. Der Alchimist trinkt Wein und ist ein oft schweigsamer, ruhiger und beobachtender Zeitgenosse. Er versteht die universelle Sprache und kann somit die Zeichen deuten, die ihm von der Weltenseele gegeben werden. Er hat sein Wissen über die Alchimie und einige seiner Geheimnisse schon früher an Schüler weitergegeben (*„Er* [der Alchimist] *hoffte, dass er auch so ein gelehriger Schüler sein würde wie der vorherige.*"[16]). Er beherrscht zudem das ‚große Werk', das daraus besteht, Blei in Gold zu verwandeln. Der Alchimist tritt auch als vermummter, schwarz gekleideter Reiter in Erscheinung. Santiago und er begegnen sich erst in der Oase El-Fayum, woraufhin der Alchimist Santiago auf einem Teil seiner Reise begleitet und Santiago indirekt sein Schüler wird.[17]

Der Engländer interessiert sich für die Weltsprache Esperanto, Religionen und die Alchimie. Zudem ist er auf der Suche nach dem ‚Stein der Weisen' und dem ‚Elexir des Lebens', denn er möchte zu einem Alchimisten werden und diese Dinge zeichnen einen Alchimisten aus. Sein Vater hat ihm ein Vermögen hinterlassen, mit dem sich der Engländer diese Suche finanziert. Aus diesem Beweggrund bereist er die größten Bibliotheken der Welt und kauft die teuersten Bücher, um darin zu lesen und z.B. die Alchimie zu studieren. Seiner Meinung nach ist der beste Weg, sich Wissen anzueignen, das Lesen (*„Und du solltest mehr über die Welt lesen, Bücher sind genauso lehrreich wie Karawanen*"[18]). Der Engländer trägt während der Reise mit der Karawane einen Revolver mit sich, *„um mich unter die Menschen zu wagen.*"[19]. Santiago und der Engländer lernen sich bei der Zusammenstellung der Karawane kennen und sind beide froh, dass sie jemanden haben mit dem sie Spanisch sprechen können. Sie sprechen viel über ihr jeweiliges Wissen über die niedergeschriebene und praktisch erfahrbare Alchimie. Der Engländer ist auf dem Weg zur Oase El-Fayum, weil er von einem alten Araber gehört hat, der außergewöhnliche Kräfte besitzt und vielleicht ein Alchimist ist. Diesen zu finden und von ihm lernen zu können ist sein Ziel.[20]

---

[16] Coelho 1996: 94
[17] Vgl. Coelho 1996: 93ff.
[18] Coelho 1996: 84
[19] Coelho 1996: 96
[20] Vgl. Coelho 1996: 96

Fatima ist Araberin und lebt in der Oase El-Fayum. Sie hat dunkle Augen und dunkles Haar. Sie ist stolz auf die Lebensweise, die sie und die anderen Oasenbewohner leben. Besonders stolz ist sie auf die Krieger ihres Volkes. Santiago und sie treffen bei einem Brunnen in der Oase aufeinander, an dem sie täglich Wasser holt, und verlieben sich ineinander. Doch beide wissen, dass Santiago erst seinen Schatz finden muss, um sich der Liebe Fatimas ganz widmen zu können.

3.3. Zeit

Wie das Geschehen im Buch ,Der Alchimist' zeitgeschichtlich genau eingeordnet werden kann, ist nicht zu klären. Einziger Hinweis auf den zeitlichen Rahmen der Handlung liefert der Umstand, dass der Alchimist im Prolog eine Geschichte aus einem Buch von Oscar Wilde liest, der von 1854 – 1900 gelebt hat. Zwar ist der Prolog nun mal die ,Vorrede' und deshalb müsste die Handlung der Geschichte nach diesem Ereignis und somit nach ca. 1870 spielen. Jedoch bleibt ungewiss in welchem zeitlichen Verhältnis das Ereignis des Prologs zur eigentlichen Geschichte steht, denn es bleibt darüber hinaus ungeklärt, welche Person hinter der vom Erzähler verwendeten Bezeichnung ,der Alchimist' steht. Wahrscheinlich ist damit der Alchimist gemeint, den der Jüngling im Verlauf der Geschichte trifft, jedoch könnte auch einer der vielen anderen im Buch erwähnten Alchimisten oder Santiago selbst gemeint sein, den es am Ende der Geschichte, inzwischen gelehrt wie ein Alchimist, in die Oase zu seiner zukünftigen Frau Fatima zieht. Fakt bleibt, dass die zeitliche Zuordnung anhand des Buches nicht möglich ist.[21] In der Geschichte ,Der Alchimist' liegt eine Zeitraffung vor, denn die Erzählzeit ist kürzer als die erzählte Zeit. Als Leser folgt man dem Hauptprotagonisten Santiago auf seiner Reise über einen Zeitraum von ca. 2 ½ Jahren, jedoch kann man das Buch innerhalb von ein paar Tagen vollständig lesen. Die Handlung des Buches verläuft bis zum Ende streng chronologisch. Nur am Anfang verwendet der Erzähler zwei Rückblenden [Erster Teil, Kapitel 2 (S.11f) und 5 (S.15f)]. Außerdem ist es wie erwähnt nicht möglich, den Prolog zeitlich eindeutig einzuordnen.

3.4. Ort / Raum

Die Geschichte spielt im Mittelmeerraum. Orientiert man sich an den realen Standorten, der im Buch genannten Örtlichkeiten, so reist Santiago (bzw. spielt das Geschehen) in aufeinander folgender Weise von Tarifa in Andalusien (Süd-Spanien) über die Straße von Gibraltar

---

[21] Vgl. Coelho 1996: 7f.

7

nach Afrika. In Afrika verweilt Santiago zuerst in Tanger in Marokko und reist schließlich über Algerien, Libyen, einschließlich eines längeren Aufenthaltes in der Oase El-Fayum nach Ägypten und wieder zurück an den Anfang der Geschichte, nach Spanien. Die Reise gewinnt nicht nur aufgrund ihrer enormen Länge und geographischen Besonderheiten (z.b. Wüste, Klima) an Brisanz, sondern ebenfalls durch den kulturellen Unterschied der beiden Kontinente. In Spanien sind die Menschen fast ausschließlich Anhänger der katholischen Religion und sprechen Spanisch, während in Nordafrika Arabisch als Sprache und der Islam als Religion vorherrschend sind (wobei diese Verhältnisse heute schon etwas individueller vorzufinden sind). So findet Santiago z.b. Alkoholabstinenz, regelmäßiges Beten gen Mekka und verschleierte Frauen vor.[22]

4. Formanalyse

4.1. Ausgabe des Buches

Die Erstauflage des Buches mit dem Originaltitel ‚O Alquimista' erschien 1988 im Heimatland Coelhos, in Brasilien, bei Editora Rocca Ltda., Rio de Janeiro. Im Jahre 1991 wurde die Geschichte unter ihrem deutschen Titel ‚Der Alchimist' erstmals in deutscher Sprache vom Peter-Erd-Verlag in München veröffentlicht.[23] Mangels Absatz über diesen Verlag und der Veröffentlichung des dritten Buches von Coelho wurde ‚Der Alchimist' im Jahr 1993 durch die Diogenes Verlag AG Zürich neu aufgelegt.

Die von mir für diese Textanalyse verwendete Ausgabe ist eine ergänzte Fassung der Diogenes-Ausgabe von 1993 und wurde 1996 erneut vom Diogenes Verlag herausgegeben.[24]

‚Der Alchimist' ist das meistverkaufte Buch Coelhos und des südamerikanischen Kontinents, es stand über 300 Wochen auf der Bestsellerliste des Spiegels, steht im Guinessbuch der Rekorde aufgrund des rapiden Ausverkaufs der Auflagen und wird in fünf Ländern als Theaterstück aufgeführt.[25]

---

[22] Vgl. Coelho 1996: 9-55
[23] Vgl. www.berlinonline.de/berliner-zeitung/archiv/.bin/dump.fcgi/1997/0208/reporter/0078 [03.05.2005]
[24] Vgl. Impressum des Buches ‚Der Alchimist', Coelho 1996
[25] Vgl. www.buchecke-online.de/fre/bbe/alchi49.html [03.05.2005]

4.2. Aufbau des Buches

Das Buch ‚Der Alchimist' umfasst in meiner vorliegenden Ausgabe 173 Seiten. Am Anfang des Buches steht ein Bibelauszug aus dem Lukasevangelium, Lukas, 10: 38-42.[26] Darauf folgt der Prolog.[27] Die Handlung des Buches ist in zwei Teile gegliedert. Der erste Teil erstreckt sich von Seite 9 – 55, ist wiederum in 17 Kapitel unterteilt und handelt von dem Beginn der Reise Santiagos, den ersten Tagen in Afrika und dem Entschluss, beim Kristallwahrenhändler Geld zu erarbeiten, um in Spanien wieder Schäfer werden zu können. Der zweite Teil umfasst die Seiten 57 – 169 und ist zergliedert in 35 Kapitel. Im zweiten Teil dreht sich die Handlung um die Reise mit der Karawane zur Oase El-Fayum, die Begegnung Santiagos mit dem Alchimisten und dem Finden „des Schatzes". Der Epilog findet sich abschließend auf den Seiten 171 – 173.[28]

4.3. Gattungszugehörigkeit

‚Der Alchimist' ist der Gattung der Romane zuzuordnen, da kein geschlossenes Weltbild zu finden ist und die Figuren bzw. Protagonisten aus vielen verschiedenen Gesellschaftsschichten kommen und somit nicht auf eine einzige beschränkt sind (z.b. Hirte, Verkäufer, König bzw. Gottheit, Diebe, Oberhäupter etc.). Außerdem wird eine individuelle Schicksalsgeschichte erzählt, was für Romane charakteristisch ist (wobei der Begriff ‚Schicksal' laut dem Inhalt des Buches nicht zutreffend ist, da Santiago sein Leben selbst in die Hände nimmt und nicht das Schicksal die Führung übernimmt). Ferner weist der häufige Gebrauch von innerem Monolog und erlebter Rede auf einen modernen Roman hin, da bei diesem Typ der Romane auf diese Weise eine psychologische Analyse der Figuren ermöglicht werden soll.

Trotzdem bietet ‚Der Alchimist' auch einige Merkmale der Gattung Märchen, z.B. den unschuldigen, etwas naiven jungen Helden, der auszieht, um ein bestimmtes Ziel zu erreichen. Der Held muss einige Prüfungen über sich ergehen lassen, bevor er das Ziel erreicht und wieder an seinen Ursprungsort zurückkehrt. Schließlich überwiegt die Zugehörigkeit zum Roman, der aber von Anfang bis Ende von einer märchenhaften Ader durchzogen ist.

---

[26] Vgl. Coelho 1996: 5
[27] Vgl. Coelho 1996: 7f.
[28] Vgl. Coelho 1996

4.4. Erzählsystem

Die Geschichte ist in der Er-/Sie-Erzählform geschrieben. Der Erzähler wählt fast ausschließlich die personale und selten die neutrale Erzählhaltung. Die Handlung wird vom Erzähler vermittelt, ohne den Leser dabei direkt anzusprechen, sich vom Geschehen abzuwenden, selbst zu urteilen oder als agierende Person aufzutreten. Er erzählt die Geschichte hin und wieder aus einer etwas distanzierten Position, aber meist aus der Sicht der jeweiligen Figur(en). Deshalb weiß der Erzähler über die Innensicht, zum Beispiel über die Gefühle, Biographien und Gedanken der Protagonisten Bescheid (*„Der Jüngling fühlte sich äußerst unbehaglich und schrecklich einsam.“*[29] sowie *„>Die Welt spricht viele Sprachen<, dachte der Jüngling.“*[30]). Vor allem durch die Verwendung vom inneren Monolog und erlebter Rede und dem damit erreichten Blick auf das Innere der Figuren zeigt die personale Erzählhaltung auf. Kommentiert wird ebenfalls ausschließlich aus der Sicht der Figuren heraus und nicht durch den Focus des Erzählers selbst, was der personalen Erzählhaltung innewohnt. Bei manchen Passagen, in denen der Erzählbericht Verwendung findet, scheint es, dass der Erzähler eine leicht neutrale Erzählhaltung verwendet, da er sich aus den Sichtweisen der Figuren zurückzieht und gleichzeitig die auktoriale Erzählhaltung meidet (*„Oberhalb der kleinen Stadt Tarifa lag eine alte Festung, die von den Mauren erbaut worden war, und wer auf ihren Mauern saß, der konnte einen Platz, einen Eisverkäufer und ein Stück von Afrika sehen.“*[31]).

Weniger als die Hälfte der Geschichte wird in Form des Erzählberichtes dargeboten (*„Der lange Zug von Menschen und Tieren begann sich schneller vorwärts zu bewegen. Nicht nur tagsüber ging es schweigend voran, auch in den Abendstunden....“*[32]).

Weitaus häufiger kommen die Figuren zu Wort, d.h. der Inhalt wird über die Figurenrede transportiert. Hauptsächlich findet die direkte Rede Anwendung (*„>>Guten Tag. Ich würde gern wissen, wo hier in der Oase ein Alchimist lebt<<.“*[33]). Häufig kommen die Figuren auch über den inneren Monolog zu Wort, der im Buch meist, aber <u>nicht immer</u> durch Anführungszeichen oder ähnliches eingegrenzt wird[34] (*„Wenn es tatsächlich so langweilig ist, wie er behauptet, dann wäre noch Zeit, es gegen ein anders einzutauschen.“*[35]).

---

[29] Coelho 1996: 41
[30] Coelho 1996: 92
[31] Coelho 1996: 40
[32] Coelho 1996: 84
[33] Coelho 1996: 97
[34] Vgl. Coelho 1996: 10, 24 und 27
[35] Coelho 1996: 24

Eher selten wird die indirekte Rede verwendet (*„Er sagte noch, dass dies nicht nur eine Eigenschaft des Menschen sei...."[36]*). Die erlebte Rede kommt auf manchen Seiten vermehrt und auf anderen Seiten gar nicht vor (*„Er würde den Jüngling nie mehr zu Gesicht bekommen,...."[37]*, *„Er wolle nicht, dass seine Hände zu zittern begannen und die Alte womöglich seine Ängste bemerkte."[38]*). Es ist an manchen Stellen schwer, erlebte Rede und Erzählbericht auseinander zu halten.

4.5. Satzbau und Sprache

Die Geschichte ist in der Umgangssprache geschrieben. Es werden fast keine Fremdwörter benutzt. Die Fremdwörter, die Verwendung finden, werden entweder im Kontext oder über die Figurenrede alsbald erklärt, z.B. „Schirokko" = arabisch für ‚*Wind'[39]*, „Maktub" = arabisch für ‚*es steht geschrieben'[40]*. Nur das Fremdwort ‚koptisch' wird nicht weiter erläutert, was aber für die Handlung und die Aussage des Buches unerheblich ist. Zudem werden keine besonderen rhetorischen Mittel verwendet. Des Weiteren findet der Leser ganz gebräuchliche Satzkonstruktionen (HS; HS+NS etc.) und alltägliche Wortstellung in den Sätzen vor.

Es werden kurze, aber genauso lange und manchmal sehr lange Sätze benutzt. Dabei finden die kurzen Sätze deutlich mehr Verwendung. Dieses Verhältnis von kurzen und langen Sätzen ist auch in der wörtlichen Rede zu finden (*„ >>Wozu willst du das Regal?<< "[41]*, *„ >>Einer von ihnen, ein einfacher Schuster, der fremde Schuhe reparierte, erzählte mir, dass er fast ein ganzes Jahr durch die Wüste gewandert sei, aber das hatte ihn weit weniger angestrengt, als durch die Stadtviertel von Tanger zu streichen, auf der Suche nach geeignetem Leder.<< "[42]*).

---

[36] Coelho 1996: 85
[37] Coelho 1996: 40
[38] Coelho 1996: 19
[39] Vgl. Coelho 1996: 153
[40] Vgl. z.B. Coelho 1996: 153
[41] Coelho 1996: 59
[42] Coelho 1996: 60

5. Interpretation

Der junge Schafshirte Santiago gibt sein eingespieltes und scheinbar erfülltes Hirtenleben auf, um den in einem wiederkehrenden Traum erschienen Schatz zu suchen. Während der Reise/Suche entdeckt Santiago, dass dies sein persönlicher Lebensweg ist und er erfährt, dass sich dem, der etwas wirklich will, die Wege öffnen. Doch um seinen vorbestimmten, persönlichen Lebensweg folgen zu können, muss man auf sein Herz hören und die Welt mit ihren Menschen, Tieren, Eigenarten etc. beobachten, sich auf sie einlassen und die Zeichen wahrnehmen, die sie einem in vielerlei Formen zukommen lässt, um seinen Weg gehen zu können. Der persönliche Lebensweg führt zu innerer Besinnung, Glück und zum Einklang mit dem Herzen...[43]

Paulo Coelho will dem Leser mit dem Buch ‚Der Alchimist' eine Botschaft zukommen lassen. Er möchte bei dem Rezipienten eine geistige und vor allem eine gefühlsmäßige Wirkung erzielen. Um dies zu erreichen lässt er den Erzähler fast immer aus der Sichtweise der Figuren und hauptsächlich aus der Sicht Santiagos erzählen bzw. sich hinter den Figuren zurückziehen. So positioniert er den Leser näher an den Charakteren und lässt ihn das Geschehen aus ihrer Lage erleben. Zudem lässt diese personale Erzählhaltung den ausführliche Einblick in die Innensicht der Protagonisten zu, der dem Leser die Möglichkeit bietet, an der Entwicklung Santiagos in der Geschichte teilzuhaben und durch das Hineinfühlen u.a. in seine Person „mit ihm zu fühlen". Grade das Mitfühlen, das Miterleben der Entwicklung von Santiago ist das, was Coelho bezweckt, da wir uns Santiago und sein Handeln als Beispiel nehmen sollen. Das Beispiel seines Werdeganges soll dem Leser als ‚Anleitung', als Wegweiser dienen, zu sich zu kommen, sich auf sein Leben zu besinnen und das zu tun, was ihm wirklich wichtig ist im Leben, um damit glücklich(er) zu werden. Santiago lebt dies in ‚Der Alchimist' vor und je mehr wir uns den Figuren und der Geschichte nähern, desto stärker sind wir berührt und desto größer ist deren Wirkung. Auch der Erzählbericht ist derart beschreibend und oft sehr anschaulich verfasst, dass er uns den Inhalt näher bringt, z.B. „*Der Engländer saß in einem Gebäude, das nach Tieren, Schweiß und Staub roch.*"[44]).

Paulo Coelho bleibt bei der Religionsfrage, die sich bei dem Aufeinandertreffen von Europa und Afrika – Christentum und Islam geradezu aufdrängt, neutral, indem er den Erzähler wie die Protagonisten zwar religiös also gottgläubig, aber ebenso tolerant sein und keine fanati-

---

[43] Vgl. Coelho 1996: 150ff.
[44] Coelho 1996: 71

sche Position einnehmen lässt (*„Es sagte, dass jeder glückliche Mensch Gott in sich trage.* "[45],
*„>>Hier gibt es die unterschiedlichsten Menschen, die verschiedene Götter in ihren Herzen
verehren. Aber mein einziger Gott ist Allah,...Nun möchte ich, dass jeder von euch im Namen
seines Gottes schwört,...<<* "[46]). So wird kein Leser in seinem Glauben angegangen und die
Aufmerksamkeit bleibt bei der Handlung.

Coelho hat das Buch mit verständlichen Worten und fast ohne Fremdworte geschrieben. Er
bedient sich einer klaren Chronologie, ausgenommen der zwei anfänglichen Rückblenden, die
insofern hilfreich sind, als dass das Buch zu einem Zeitpunkt beginnt, an dem Santiago bereits
auf seiner Reise ist, seinem persönlichen Lebensweg folgt. Um dies dem Leser mitzuteilen
werden die Rückblenden eingeschoben. So kann der Anfang des Buches (von dem Prolog
abgesehen) an der Stelle stattfinden, bei der die Geschichte schlussendlich auch ihr Ende finden wird, bei dem riesigen Maulbeerbaum an der alten Kirche in Andalusien.[47]

Die Sätze sind klar strukturiert und auch die ausführlichen Sätze sind durch ihre Länge nicht
weniger verständlich. Vielen von ihnen sind grade in dieser Form geschrieben, um die jewei-
lige Wirkung des Gedankenganges einer Figur, der den Inhalt des Satzes darstellt, zu unterstützen bzw. ihn für den Leser nachvollziehbar zu machen, z.B. (*„Obwohl der Junge mehr
verdiente, als er sollte; da er immer geglaubt hatte, dass sich die Zahl der Verkäufe nicht
mehr ändern würde, hatte er ihm eine hohe Provision angeboten, und seine Intuition sagte
ihm, dass der Jüngling sowieso bald wieder zu seinen Schafen zurückkehren würde.* "[48]). Den
Satzbau und die Sprache benutzt Coelho zur Vermittlung der Handlung und folglich seiner
Botschaft an den Leser, für den es auf diese Weise einfacher ist, diese aufzunehmen.

Aus diesem Grund lässt er auch die Figuren nacheinander einführen und ihre Präsenz wenig
überlappen bzw. sie nur parallel auftreten, wenn dies der Aufmerksamkeit des Lesers auf die
Handlung um den persönlichen Lebensweg Santiagos nicht hinderlich ist. Dies geschieht zum
Beispiel als der Engländer Santiago bittet, mit ihm in der Oase El-Fayum nach dem Alchimisten zu suchen und Santiago dabei auf Fatima trifft und sich in sie verliebt.[49]

Die Geschichte spielt an ungewöhnlichen Schauplätzen, z.B. in der Wüste, in einer Oase, vor
den Pyramiden, in einem Kloster. Der Leser begegnet aparten Figuren wie verschleierten
Frauen, mächtigen Alchimisten und ehrenvollen Kriegern. Zudem spielt die Geschichte in
einer ungewissen Vergangenheit, in der es z.B. keine motorisierten Fortbewegungsmittel oder
moderne Kommunikationstechniken gibt. Die Geschichte weist Merkmale eines Märchens auf

---

[45] Coelho 1996: 138
[46] Coelho 1996: 77
[47] Vgl. Coelho 1996: 9 und 171
[48] Coelho 1996: 58
[49] Vgl. Coelho 1996: 99

(siehe Punkt *Gattungszugehörigkeit*), z.B. spielt die Handlung zwar an realen Orten, aber zu einer unbestimmten Zeit, wie es in Märchen üblich ist. Andererseits lässt Coelho nicht zu viel märchenhafte Stimmung aufkommen, da dies sonst zu Lasten der Glaubwürdigkeit und somit zu Lasten der Annahme der Botschaft durch den Leser gehen würde.

Indem Coelho sich der einfachen und umgangssprachlichen Textung bedient, den Roman mit Merkmalen der Gattung Märchen spickt und exotische Schauplätze und Charaktere wählt, gibt er dem Leser fast das Gefühl, ,Der Alchimist' würde von einem Geschichtenerzähler erzählt, der gerade vor ihm sitzt.

Durch die Nähe zu den Protagonisten und zur Handlung und der leicht gemachten Identifikation mit der Hauptfigur soll dem Rezipienten anhand Santiagos Werdeganges (die Botschaft) vermittelt werden, dass es so etwas wie den „persönlichen Lebensweg" gibt und dass es sich lohnt auf sein Herz zu hören und Zeichen zu sehen, denn wenn man sich auf diesen vorbestimmten Lebensweg begibt, wird einem die Welt mit all ihren Mittel dabei unterstützen ihn zu bestreiten. Wenn man sich der Welt öffnet, erkennt wie sie funktioniert und wie Leben ,abläuft', dann wird man die Zeichen, die einem gegeben werden, erkennen, die Prüfungen und auch das Leid, die das Leben einem stellt be- bzw. überstehen und zu innerer Besinnung, Glück und dem Einklang mit seinem Herzen und der Welt finden.[50]

---

[50] Vgl. Coelho 1996: 150ff.

6. Wertung & Stellungnahme

Neben der Botschaft, die Paulo Coelho meiner Meinung nach mit seinem Buch ‚Der Alchimist' vermitteln möchte (siehe *Interpretation*), will er mit seiner einfach geschriebenen, etwas märchenhaften Geschichte den Leser aus seinem Alltag entführen und ihn für die Zeit des Lesens in eine andere, ihm Hoffnung und Ruhe spendende Welt versetzen.

Das Buch wirft die Frage auf, ob es autobiographische Anteile enthält. Wie bei seiner Hauptfigur in ‚Der Alchimist' hatten auch Coelhos Eltern ein anderes Berufsziel für ihren Sohn. Er sollte Ingenieur und auf keinen Fall Schriftsteller werden. Coelho hat wie erwähnt selbst zwei Jahre die Welt bereist bevor er zu schreiben anfing. Dabei war er unter anderem in Europa und Nordafrika unterwegs, die im Buch die Schauplätze der Handlung stellen. Auch er war relativ gebildet, hatte z.B. zuvor ein Jurastudium begonnen, war mit wenig Geld unterwegs, sprach kein Arabisch und gehörte einer anderen als der dort vorherrschende Religion an, genau wie die Figur Santiago in seiner Geschichte.[51] Coelho wird in dieser Zeit und auf dem Pilgerweg nach Santiago de Compostela (man beachte den Namen ‚Santiago'), den er zu Fuß zurücklegte, viele Erfahrungen gemacht haben, die er wahrscheinlich in diesem Buch mit eingebracht hat.

Meine Erwartungen an das Buch waren sehr hoch, hatte ich doch viel Gutes darüber gehört. Zudem erweckten „Lobeshymnen" wie „Sagenhaft weise", „Ein Buch, das Seele und Herz wärmt" und „Ein wahrer Schatz"[52] fast schon den Eindruck, es müsste ‚magische Kräfte' in Form einer überwältigenden Wirkung haben. Mit dieser Voreingenommenheit begann ich das Buch zu lesen und es sprach mich durchaus an. Es war einfach zu lesen, zog mich durch die Handlung und dessen exotischen Rahmen in seinen Bann und ich wollte mir die dargebotene Weisheit zu Eigen machen. Doch die Stelle im Buch als der Junge mit der Wüste, dem Wind und der Sonne spricht (Auszug: „*>>Was willst du denn schon wieder hier?<< fragte die Wüste.*"[53] und „*>>Du kannst nicht zu Wind werden, denn wir sind von unterschiedlicher Natur<<, sagte der Wind.*"[54]) rief mein gewohntes, vermeintlich realistisches Denken auf den Plan und entriss mich gleichzeitig der märchenhaften, aber bis dahin relativ glaubwürdigen Welt der Geschichte.

Der märchenhafte Roman lässt sich nicht auf das gegenwärtige Leben der Menschen übertragen und stellt diesen Anspruch auch gar nicht. Wer mit dieser Ambition an die Geschichte

---

[51] Vgl. www.paulocoelho.com.br/alem/bio.shtml [02.05.2005]
[52] Vgl. Text des (Schutz-)Umschlages des Buches ‚Der Alchimist'
[53] Coelho 1996: 151
[54] Coelho 1996: 153

herangeht wird enttäuscht. Doch ‚Der Alchimist' veranlasst nicht nur zum Nachdenken über ‚persönliche Lebenswege' der Menschen, er gibt abseits dieser (Haupt-)Botschaft viele ansprechende Denkanstöße, z.B. (*„>>Wenn wir die wirklich großen Schätze vor uns haben, erkennen wir es nie. Und weißt du auch warum? Weil die Menschen nicht an Schätze glauben.<<"*[55]). Zudem sind poetische Auszüge zu finden (*„Die dunkelste Stunde ist die vor dem Sonnenaufgang."*[56] – spanisches Sprichwort). Einige Formulierungen des Erzählers lassen unsere Gedanken um Themen schweifen, die, obwohl das Buch Mitte der 80er Jahre geschrieben wurde, nie an Aktualität und Brisanz verloren haben (*„So könnte alles eine Symphonie des Friedens sein"*, wenn der Mensch nicht erschaffen worden wäre, *„wenn die Hand, die alles geschrieben hat, am fünften Tage aufgehört hätte."*[57]). Der Erzähler verpackt diese Themen zum Teil als Fabel

„Das einzige Bedürfnis, das Schafe haben, ist fressen und trinken. ...Sie sind zufrieden mit Wasser und Nahrung, und das genügt. Als Gegenleistung bieten sie großzügig ihre Gesellschaft, ihre Wolle und manchmal sogar ihr Fleisch. >Wenn ich mich plötzlich in eine Bestie verwandeln würde und eines nach dem anderen abschlachtete, so würden sie es wohl erst bemerken, wenn ihre Herde schon so gut wie ausgerottet ist. ...Denn sie vertrauen mir blindlings und vertrauen nicht länger auf ihren eigenen Instinkt. Nur, weil ich sie zu den grünen Auen und frischem Wasser leite.<. "*[58]

Ebenso findet der Leser Denkansätze, die an die buddhistische Lehre anknüpfen z.B. wenn der Kameltreiber Santiago erklärt, dass er alles zu seiner Zeit tun soll – ‚iss zur Essenszeit und reise zur Reisezeit'. Jeder dieser Ansätze bietet Raum für Interpretation und Übertragung, doch das würde den Rahmen sprengen, auch wenn es interessante Zusammenhänge zwischen einigen Ansätzen, die vom Erzähler mitgeteilt werden und Paulo Coelhos politischer Einstellung gibt. So z.B. das Gleichnis der Menschen mit Schafen, die, wenn sie ernährt werden, instinktlos treu und loyal sind und sogar ihr Fell und ihr Fleisch (also ihr Leben) hergeben, obwohl ihr ‚Führer' womöglich eine sie reißende Bestie ist. An die denkbare politische Position hinter diesem Gleichnis aus ‚Der Alchimist' lehnt sich ein Zitat Coelhos aus einem Brief, den er im Jahr 2003 (in Anbetracht des 2. Irak-Krieges der U.S.-Amerikaner) an George W. Bush geschrieben hat:

„Danke, dass Sie der Welt gezeigt haben, welch tiefe Kluft zwischen den Entscheidungen der Machthaber und den Wünschen des Volkes liegt...

---

[55] Coelho 1996: 141
[56] Coelho 1996: 140
[57] Coelho 1996: 156
[58] Coelho 1996: 13f.

Danke, dass Sie geschafft haben, was nur wenigen in diesem Jahrhundert gelungen ist: Millionen Menschen auf allen Kontinenten im Kampf für dieselbe Idee zu vereinen, auch wenn diese Idee nicht ihre ist...

Danke, denn ohne Sie hätten wir nicht erkannt, dass wir fähig sind, uns zu mobilisieren. Möglicherweise wird es uns diesmal nichts nützen, aber ganz sicher später einmal...

Danke, dass Sie uns - einer Armee anonymer Menschen, die wir die Straßen füllen, um einen Prozess aufzuhalten, der bereits im Gange ist - erlauben zu erfahren, wie man sich fühlt, wenn man machtlos ist, und aus diesem Gefühl zu lernen und es zu verwandeln... ."[59]

Mir ist ‚Der Alchimist' insgesamt zu kitschig, zu märchenhaft und deswegen zu irreal. Doch das Buch liefert gute Denkanstöße, auch zur gegenwärtigen Weltsituation und ebenfalls zur wohl ewigen Eigenart des Menschen und vermag mich zeitweise aus meinem Alltag zu holen. Deswegen halte ich es für ein gelungenes und lesenswertes Buch (für Erwachsene) und werde es selbst wieder lesen. Was sich nach dem Lesen in mein Gedächtnis eingeprägt hat, ist, dass ich mich vermehrt darauf besinnen sollte, was wirklich für mich zählt, was ich mir wünsche, was ich mir erträume und mich dafür einsetzen muss, denn sonst werde ich unerfüllte Sehnsüchte entwickeln, die mich, mein Herz und meine Seele mein Leben lang belasten. Und vielleicht ist es diese kleine Wirkung, diese demütige Botschaft, die bei mir, dem Leser, angekommen ist, die Coelho mit seiner Geschichte zu bewirken hofft(e)

---

[59] Artikel „Brief von Paulo Coelho: Danke, Präsident Bush", www.FAZ.de vom 20.03.2003

7. Literatur- und Quellenangaben

Literatur:

- Coelho, Paulo (1996): Der Alchimist. 2. Aufl. Zürich: Diogenes

Internetadressen:

- www.paulocoelho.com.br/alem/bio.shtml [02.05.2005]
- www.buchecke-online.de/fre/bbe/alchi49.html [03.05.2005]
- www.perlentaucher.de/autoren/1840.html [25.04.2005]
- www.belobrasil.ch/daskreuz.html [16.04.2005]
- www.solamaris.de/bilder/spanienkarte_andalusien.jpg [16.04.2005]
- http://members.a1.net/katsie/Buecher.html [14.04.2005]
- http://groups.msn.com/Paulocoelho-offiziellerfanclub/ankndigungen.msnw [01.05.2005]
- www.santjordi-asociados.com/agenda/agenda2005_may.html [27.04.2005]
- www.berlinonline.de/berliner-zeitung/archiv/.bin/dump.fcgi/1997/0208/reporter/0078 [03.05.2005]

Server:

- www.cicerone.de [01.05.2005]